# REGLEMENT

## LETTRES PATENTES

## ET ARRESTS,

Concernant l'Academie Royale des Inscriptions
& Belles Lettres.

## A PARIS,

## DE L'IMPRIMERIE ROYALE.

M. DCCXVI.

# REGLEMENT

## LETTRES PATENTES, &c.

*Concernant l'Academie Royale des Inscriptions & Belles Lettres.*

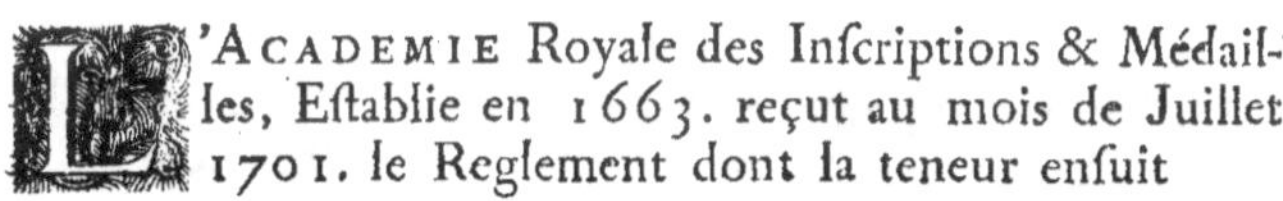

L'ACADEMIE Royale des Inscriptions & Médail-les, Establie en 1663. reçut au mois de Juillet 1701. le Reglement dont la teneur ensuit

*Reglement ordonné par le Roy LOUIS XIV. pour l'Academie Royale des Inscriptions & Médailles.*

LE ROY voulant continuer à donner des marques de son affection à l'Académie Royale des Inscriptions & Médailles; Sa Majesté a resolu le present Reglement, lequel Elle veut & entend estre exactement observé.

A

### I.

L'ACADEMIE Royale des Infcriptions & Médailles, demeurera toûjours fous la protection du Roy, & recevra fes ordres, ainfi que l'Academie Royale des Sciences, par celuy des Secretaires d'Eftat qui aura le département de la Maifon du Roy.

### II.

L'ACADEMIE fera toûjours compofée de quarante Academiciens, dix Honoraires, dix Penfionnaires, dix Affociez, & dix Eléves : Et nul n'y fera admis, que par le choix ou l'agrément de Sa Majefté.

### III.

LES Honoraires feront tous recommandables par leur érudition dans les belles Lettres, & leur intelligence en fait de Monumens, defquels l'un fera Prefident & aucun d'eux ne pourra devenir Penfionnaire ; deux d'entre-eux pourront eftre Eftrangers.

### IV.

LES Penfionnaires & les Eléves feront tous établis à Paris : Et lors qu'il arrivera que quelqu'un d'entre-eux fera appellé à quelque Charge ou Commiffion demandant réfidence hors de Paris, il fera pourveû à fa place, de mefme que fi elle avoit vaqué par decès : quatre des Affociez pourront eftre Eftrangers ; l'un des Penfionnaires fera Secretaire ; un autre Treforier.

### V.

POUR remplir les Places d'Honoraires, l'Affembléc élira à la pluralité des voix, un fujet qu'elle propofera à Sa Majefté pour avoir fon agrément.

### VI.

POUR remplir les places des Penfionnaires, l'Academie élira trois Sujets, defquels il ne pourra y avoir que deux Affociez ou Eléves ; Et ils feront propofez à Sa Majefté, afin qu'il luy plaife en choifir un.

### VII.

POUR remplir les places d'Affociez, l'Academie élira

deux Sujets, defquels il ne pourra eftre pris qu'un du nombre des Eléves; Et ils feront propofez à Sa Majefté, afin qu'il luy plaife en choifir un.

## VIII.

Pour remplir les places d'Eléves, chacun des Penfionnaires s'en pourra choifir un, qu'il prefentera à la Compagnie qui en déliberera; Et s'il eft agréé à la pluralité des voix, il fera propofé à Sa Majefté.

## IX.

Nul ne pourra eftre propofé à Sa Majefté pour remplir aucune defdites places d'Academicien, s'il n'eft de bonnes mœurs & de probité reconnuë.

## X.

Nul ne pourra eftre propofé de mefme, s'il eft Regulier, attaché à quelque Ordre de Religion; fi ce n'eft pour remplir quelque place d'Academicien Honoraire.

## XI.

Nul ne pourra eftre propofé à Sa Majefté pour les places de Penfionnaire ou d'Affocié, s'il n'eft connu par quelque Ouvrage confiderable.

## XII.

Nul ne pourra eftre propofé pour les places de Penfionnaire ou d'Affocié, qu'il n'ait au moins vingt-cinq ans.

## XIII.

Nul ne pourra eftre propofé pour les places d'Eléve, qu'il n'ait vingt ans au moins.

## XIV.

Les Affemblées ordinaires de l'Academie fe tiendront au Louvre, les Mardis & les Vendredis de chaque femaine; Et lorfqu'efdits jours il fe rencontrera quelque Fefte, l'Affemblée fe tiendra le jour precedent ou le fuivant.

## XV.

Les Séances defdites Affemblées feront au moins de deux heures; fçavoir, depuis trois jufques à cinq.

## 4
### XVI.

LES vacances de l'Academie commenceront au 8. de
Septembre, & finiront le 11. de Novembre; & Elle va-
quera en outre pendant la quinzaine de Pafques, la femaine de la Pentecofte, & depuis Noël jufqu'aux Roys.

### XVII.

LES Academiciens feront affidus à tous les jours d'Affemblées; Et nul des Penfionnaires ne pourra s'abfenter
plus de deux mois pour fes affaires particulieres, hors le
temps des vacances, fans un congé exprés de Sa Majefté.

### XVIII.

OUTRE les Ouvrages aufquels toute l'Academie pourra travailler en commun, chacun des Academiciens choi-
fira quelque objet particulier de fes études; Et par le
compte qu'il en rendra dans les Affemblées, il tafchera
d'enrichir de fes lumieres tous ceux qui compofent l'Academie, & de profiter de leurs remarques.

### XIX.

L'ACADEMIE s'appliquera inceffamment à faire des
Médailles fur les principaux évenemens de l'Hiftoire de
France fous tous les Regnes, jufqu'à l'origine de la Mo-
narchie; & à compofer les Defcriptions hiftoriques defdits
évenemens par rapport aufquels les Médailles auront efté
faites: Elle travaillera encore fans dclay à l'explication de
toutes les Médailles, Médaillons, Pierres & autres raretez
antiques & modernes du Cabinet de Sa Majefté; comme
auffi à la defcription de toutes les Antiquitez & Monumens
de France.

### XX.

LADITE Academie eftant principalement eftablie pour
travailler aux Infcriptions & autres Monumens qui ont efté
faits, ou que l'on pourra faire, pour conferver la memoire
des hommes celebres & de leurs belles actions, Elle conti-
nuëra de travailler à tout ce qui regarde lefdits Ouvrages:
tels que font les Statuës, les Maufolées, les Epitaphes, les
Médailles, les Jettons, les Devifes, les Infcriptions d'Edi-

fices publics, & tous autres Ouvrages de pareille nature : Elle veillera à tout ce qui peut contribuer à la perfection de ceux qui se feront, tant pour l'Invention & les Desseins, que pour les Inscriptions & les Legendes ; comme aussi à la description de tous ces Ouvrages faits ou à faire, & à l'explication historique des sujets par rapport ausquels ils auront esté faits : Et comme la connoissance de l'antiquité Grecque & Latine, & des Auteurs de ces deux Langues, est ce qui dispose le mieux à réüssir dans ce genre de travaux ; les Academiciens se proposeront tout ce que renferme cette espece d'érudition, comme un des objets le plus digne de leur application.

## XXI.

DANS chaque Assemblée il y aura quelques Academiciens Pensionnaires obligez à tour de rolle, d'apporter quelques écrits de leur composition. Les Honoraires, les Associez & les Eleves y seront invitez de mesme ; & chacun de ceux qui seront presens, feront leurs remarques sur ce qui aura esté proposé.

## XXII.

TOUS les écrits que les Academiciens apporteront aux Assemblées, seront par eux laissez le jour mesme entre les mains du Secretaire, pour y avoir recours dans l'occasion.

## XXIII.

TOUTES les nouveautez qui seront rapportées par quelque Academicien, seront verifiées par luy dans les Assemblées, s'il est possible : ou du moins elles le seront en particulier en presence de quelques Academiciens.

## XXIV.

L'ACADEMIE veillera exactement, à ce que dans les occasions où quelques Academiciens seront d'opinions differentes, ils n'employent aucun terme de mépris ni d'aigreur l'un contre l'autre, soit dans leurs discours, soit dans leurs écrits ; Et lors mesme qu'ils combattront les sentimens de quelques Sçavans que ce puisse estre, l'Academie les exhortera à n'en parler qu'avec ménagement.

### XXV.

. L'Academie aura foin d'entretenir commerce avec les divers Sçavans, foit de Paris & des Provinces du Royaume, foit mefme des Pays Eftrangers, afin d'eftre promptement informée de ce qui s'y fera de curieux, par rapport aux objets que fe doit propofer l'Academie : Et dans les élections pour remplir les places d'Academiciens, Elle donnera beaucoup de preference aux Sçavans qui auront efté les plus exacts à cette efpece de commerce.

### XXVI.

L'Academie chargera quelqu'un des Academiciens de lire les Ouvrages importans dans le genre d'étude auquel elle doit s'appliquer, qui paroiftront, foit en France, foit ailleurs : Et celuy qu'elle aura chargé de cette lecture, en fera fon rapport à la Compagnie, fans en faire la critique, en marquant feulement s'il y a des veuës dont on puiffe profiter.

### XXVII.

L'Academie examinera de nouveau les découvertes confiderables qui fe feront faites par tout ailleurs, & marquera dans fes Regiftres la conformité ou la difference des fiennes, à celles dont il fera queftion.

### XXVIII.

L'Academie examinera les Ouvrages que les Academiciens fe propoferont de faire imprimer : Elle n'y donnera fon approbation qu'aprés une lecture entiere faite dans les Affemblées, ou du moins qu'aprés un examen & rapport fait par ceux que la Compagnie aura commis à cet examen : Et nul des Academiciens ne pourra mettre aux Ouvrages qu'il fera imprimer, le titre d'Academicien, s'ils n'ont ainfi efté approuvez par l'Academie.

### XXIX.

Lorsque le Roy ou quelques particuliers voudront faire travailler à quelques Infcriptions ou Monumens, & que l'Academie fera confultée, Elle s'appliquera trés particulierement à donner une prompte & entiere satisfaction.

## XXX.

LES Academiciens Honoraires, Penſionnaires, Aſſociez & Eléves auront voix déliberative, lorſqu'il ne s'agira que de Sciences.

## XXXI.

LES ſeuls Academiciens Honoraires, Penſionnaires & Aſſociez auront voix déliberative, lorſqu'il s'agira d'Elections ou d'Affaires concernant l'Academie; Et leſdites déliberations ſe feront par ſcrutin.

## XXXII.

CEUX qui ne ſont point de l'Academie ne pourront aſſiſter, ni eſtre admis aux Aſſemblées ordinaires, ſi ce n'eſt quand ils y ſeront conduits par le Secretaire pour y propoſer quelques découvertes nouvelles.

## XXXIII.

TOUTES perſonnes auront entrée aux Aſſemblées publiques qui ſe tiendront deux fois chaque année, l'une le premier jour d'aprés la Saint Martin, & l'autre le premier jour d'aprés Paſques.

## XXXIV.

LE Préſident ſera au haut bout de la Table avec les Honoraires; les Penſionnaires & les Aſſociez ſeront aux deux coſtez de la Table, & les Eléves au bas bout.

## XXXV.

LE Préſident ſera trés attentif à ce que le bon ordre ſoit fidelement obſervé dans chaque Aſſemblée, & dans ce qui concerne l'Academie: Il en rendra un compte exact à Sa Majeſté, ou au Secretaire d'Eſtat chargé du ſoin de ladite Academie.

## XXXVI.

DANS toutes les Aſſemblées, le Preſident fera déliberer ſur les differentes matieres, prendra les avis de ceux qui ont voix dans la Compagnie, ſelon l'ordre de leur Séance, & prononcera les reſolutions à la pluralité des voix.

### XXXVII.

LE Préfident fera nommé par Sa Majefté au premier Janvier de chaque année : mais quoique chaque année il ait ainfi befoin d'une nouvelle nomination, il pourra eftre continué tant qu'il plaira à Sa Majefté : Et comme par indifpofition, ou par la neceffité de fes affaires, il pourroit arriver qu'il manqueroit à quelque Affemblée , Sa Majefté nommera en mefme-temps quelques autres Academiciens pour préfider en l'abfence dudit Préfident.

### XXXVIII.

LE Secretaire fera exact à recueillir en fubftance tout ce ce qui aura efté propofé, agité, examiné & refolu dans la Compagnie ; à l'écrire fur fon Regiftre par rapport à chaque jour d'Affemblée , & à y inferer les écrits dont aura efté fait lecture : Il fignera tous les actes qui en feront délivrez, foit à ceux de la Compagnie, foit à autres qui auront intereft d'en avoir ; Et à la fin de Decembre de chaque année il donnera au public un extrait de fes Regiftres, ou une hiftoire raifonnée de ce qui fe fera fait de plus remarquable dans l'Academie.

### XXXIX.

LES Regiftres, Titres & papiers , concernant l'Academie, demeureront toûjours entre les mains du Secretaire , à qui ils feront inceffamment remis par un nouvel Inventaire que le Préfident en dreffera ; Et au mois de Decembre de chaque année, ledit Inventaire fera par le Préfident recollé, & augmenté de ce qui s'y trouvera avoir efté ajoûté durant toute l'année.

### XL.

LE Secretaire fera perpetuel ; Et lorfque par maladie ou par autre raifon confiderable, il ne pourra venir à l'Affemblée, il y commettra tel d'entre les Academiciens qu'il jugera à propos pour tenir en fa place le Regiftre.

### XLI.

LE Treforier aura en fa garde, tous les Livres, Meubles, Médailles, Marbres, Jettons ou autres curiofitez appartenant

nant à l'Academie: lorfqu'il entrera en Charge, le Préfident les luy remettra par inventaire, & au mois de Decembre de chaque année, ledit Préfident recolera ledit Inventaire pour l'augmenter de ce qui aura efté ajoûté toute l'année.

## XLII.

LORSQUE des Sçavans demanderont à voir quelqu'une des chofes commifes à la garde du Treforier, il aura foin de les leur montrer; mais il ne pourra les laiffer tranfporter hors des Salles où elles feront gardées, fans un ordre par écrit de l'Academie.

## XLIII.

LE Treforier fera perpetuel; Et quand par quelque empêchement legitime, il ne pourra fatisfaire à tous les devoirs de fa fonction, il nommera quelque Academicien pour y fatisfaire.

## XLIV.

POUR faciliter l'impreffion de divers Ouvrages que pourront compofer les Academiciens, Sa Majefté permet à l'Academie de fe choifir un Libraire, auquel en confequence de ce choix, le Roy fera expedier les Privileges neceffaires pour imprimer & diftribuer les Ouvrages des Academiciens, que l'Academie aura approuvez.

## XLV.

POUR encourager les Academiciens à la continuation de leurs travaux, Sa Majefté continüera à leur faire payer les Penfions ordinaires, Et mefme des gratifications extraordinaires fuivant le merite de leurs Ouvrages.

## XLVI.

POUR aider les Academiciens dans leurs études, le Roy continüera de fournir aux frais neceffaires pour les diverfes recherches que chaque Academicien pourra faire.

## XLVII.

POUR recompenfer l'affiduité aux Affemblées de l'Academie, Sa Majefté fera diftribuer à chaque Affemblée quarante Jettons, à tous ceux des Academiciens qui feront prefens.

## XLVIII.

IL y aura toûjours une union particuliere entre l'Academie Royale des Sciences, & celle des Inscriptions, & Médailles ; Et chacune des premieres Séances d'aprés les Assemblées publiques, ces deux Academies se tiendront ensemble, pour apprendre des Secretaires l'une de l'autre ce qui se sera fait dans chacune.

## XLIX.

VEUT Sa Majesté que le present Reglement soit leû dans la prochaine Assemblée, & inseré dans les Registres, pour estre exactement observé suivant sa forme & teneur ; Et s'il arrivoit qu'aucun Academicien y contrevinst en quelque partie, Sa Majesté y pourvoira suivant l'exigence du cas. FAIT à Versailles le 16. de Juillet mil sept cens un. *Signé*, LOUIS. *Et plus bas*, PHELYPEAUX.

---

AU mois de Fevrier 1713. l'Establissement de l'Academie Royale des Inscriptions, & celuy de l'Academie Royale des Sciences furent confirmez par les Lettres Patentes dont la teneur ensuit.

# LETTRES PATENTES DU ROY,

*Qui confirment l'Establissement de l'Academie Royale des Inscriptions & de celle des Sciences.*

LOUIS PAR LA GRACE DE DIEU ROY DE FRANCE ET DE NAVARRE : A tous presens & à venir, SALUT. Le soin des Lettres & des beaux Arts ayant toûjours contribué à la splendeur des Estats, le feu Roy nostre tres honoré Seigneur & Pere, Ordonna en 1635. l'Establissement de l'Academie Françoise pour por-

ter la Langue, l'Eloquence & la Poëſie au point de perfection où elles ſont enfin parvenuës ſous noſtre Regne.
Nous choiſîmes en 1663. parmi ceux qui compoſoient
cette Academie, un petit nombre de Sçavans les plus ver-
ſez dans la connoiſſance de l'Hiſtoire & de l'Antiquité,
pour travailler aux Inſcriptions, aux Deviſes, aux Médailles, & pour répandre ſur tous les monumens de ce
genre, le gouſt & la noble ſimplicité qui en font le prix.
Tournant enſuite plus particulierement nos vûës du coſté
des Sciences & des Arts, Nous formâmes en 1666. une
Academie des Sciences, compoſée de perſonnes les plus
habiles dans toutes les parties des Mathematiques & de la
Phyſique; Et en 1667. Nous fiſmes conſtruire le fameux
Edifice de l'Obſervatoire, où ceux d'entr'eux qui s'appli-
quent à l'Aſtronomie, ont déja fait de ſi celebres & de ſi
utiles découvertes. Ces deux Academies aſſemblées par
noſtre protection, & ſouſtenuës par des bienfaits, que la
difficulté des temps n'a jamais interrompus, remplirent ſi
dignement nos eſperances, que quand la Paix de Riſwick
eut rendu le calme à l'Europe, Nous ſongeâmes à leur
donner un témoignage authentique de noſtre ſatisfaction :
Nous leur accordâmes des Reglemens ſignez de noſtre
main pour déterminer l'objet, l'ordre & la forme de leurs
exercices ; Et par une diſtinction encore plus ſinguliere,
Nous voulûmes que leurs Conferences ſe tinſſent au Louvre. L'eſtime & la réputation que ces Compagnies ont ac-
quiſes depuis ce temps-là, Nous engagent de plus en plus
à donner une forme, ſtable & ſolide à des Eſtabliſſemens ſi
avantageux. A ces Causes, de noſtre grace ſpeciale ,
pleine puiſſance & autorité Royale, Nous avons par ces
Preſentes ſignées de noſtre main, permis, approuvé & au-
toriſé, permettons, approuvons & autoriſons les Aſſemblées & Conferences des membres qui compoſent leſdites
deux Academies, que Nous avons d'abondant, en tant que
beſoin eſt ou ſeroit, inſtituées & eſtablies, comme par ces
Preſentes Nous les inſtituons & eſtabliſſons, l'une ſous le titre

*d'Academie Royale des Inscriptions & Médailles*, & l'autre sous celuy *d'Academie Royale des Sciences* ; lesquelles continuëront d'estre dirigées par le Secretaire d'Estat, ayant le département de nostre Maison. Voulons pareillement qu'elles continuënt de tenir leurs Assemblées dans les Appartemens que Nous leur avons assignez au Louvre, aux jours & heures portez par nosdits Reglemens des 26. Janvier 1699. & 16. Juillet 1701. dont copies sont cy-attachées sous le contre-Scel de nostre Chancellerie, & que Nous entendons estre executez selon leur forme & teneur. Si DONNONS EN MANDEMENT à nos amez & feaux Conseillers, les Gens tenans nostre Cour de Parlement, à Paris, que ces Presentes ils ayent à faire lire, publier & registrer, & le contenu en icelles garder & observer selon sa forme & teneur ; CAR TEL EST NOSTRE PLAISIR. Et afin que ce soit chose ferme & stable à toûjours, Nous avons fait mettre nostre Scel à cesdites Presentes. DONNÉ à Marly au mois de Fevrier, l'an de grace mil sept cens treize ; Et de nostre Regne le soixante-dixiéme. *Signé* LOUIS ; *Et sur le reply*, Par le Roy, PHELYPEAUX. *Visa*, PHELYPEAUX Et scellé du grand Sceau de cire verte, en lacs de soye rouge & verte.

*Registrées, Oüy, & ce requerant le Procureur General du Roy, pour estre executées selon leur forme & teneur , suivant l'Arrest de ce jour. A Paris en Parlement le troisiéme May mil sept cens treize. Signé* DONGOIS.

---

AU mois d'Avril 1715. le Roy permit à l'Academie d'ajoûter à la Classe des Honoraires six Academiciens Estrangers celebres par leur Erudition, Et qui seroient proposez à Sa Majesté de la mesme maniere que les Honoraires Regnicoles. L'Academie en choisit trois dont on trouvera les noms dans la liste qui est à la fin de ce recüeil.

Aprés la mort du Roy Loüis XIV. la Direction de l'Academie a esté donnée à M. le Duc d'Antin, comme elle l'avoit esté à feu MM. Colbert & de Louvois Surintendans des Bastimens ; Et c'est sous ce nouveau Ministere que sont intervenus les Arrests en forme de Reglement, avec les Lettres Patentes dont la teneur ensuit.

# ARREST

## DU CONSEIL D'ESTAT
## DU ROY,

*Qui supprime la Classe des Eléves dans l'Academie Royale des Inscriptions, Et qui change le Titre d'Academie des Inscriptions & Médailles, en celui d'Academie des Inscriptions & Belles Lettres.*

*Extrait des Registres du Conseil d'Estat,*

Du 4. Janvier 1716.

LE ROY s'estant fait representer le Reglement fait pour son Academie Royale des Inscriptions le 16. Juillet 1701. par lequel elle se trouve composée de quatre differentes Classes ; La premiere de dix Academiciens Honoraires, la seconde de dix Pensionnaires, la troisiéme de dix Associez, & la quatriéme de dix Eléves ; Mais ayant esté reconnu par une longue experience que ce seul Titre d'Eléve rebutoit les Sujets d'un certain merite, outre que par l'Article VIII. dudit Reglement, chacun des dix Eléves estoit proposé & reçeû sur la nomination de l'un des

B iij

Penſionnaires , au lieu que les autres Academiciens ſont nommez par tout le Corps & par voye de Scrutin; Que par l'Article XIII. du même Reglement, les Eléves peuvent eſtre reçeûs à vingt ans, à la difference des autres Academiciens qui doivent en avoir vingt-cinq ; Et qu'enfin par l'Article XXXI. leſdits Eléves n'ont point de voix déliberative dans les Elections, ni dans les autres affaires de la Compagnie , quoy qu'ils en ayent dans les matieres de Litterature : Et Sa Majeſté deſirant éloigner tout ce qui pourroit diminuer l'honneur du Corps dans aucune de ſes parties , ou qui pourroit empeſcher des perſonnes d'une capacité reconnuë, de faire gloire d'y entrer ; Conſiderant auſſi que le Titre *d'Academie des Inſcriptions & Médailles* ne renferme pas tout l'objet des occupations de l'Academie, dont la principale & la plus ordinaire eſt de cultiver les Belles Lettres, Elle a jugé à propos de luy attribuer un Titre plus convenable. Tout conſideré, LE ROY ESTANT EN SON CONSEIL, de l'avis de Monſieur le Duc d'Orleans Regent , a ſupprimé & ſupprime dans ſon Academie Royale des Inſcriptions la Claſſe des Eléves, Ordonne que celle des Aſſociez ſera augmentée du même nombre de dix Sujets, qui ſeront éleûs par voye de Scrutin; Que pour chacune deſdites places d'Aſſociez, la Compagnie nommera à Sa Majeſté deux perſonnes dont Elle ſe reſerve le choix , Enſorte que l'Academie demeurera toûjours compoſée de Quarante Academiciens, Sçavoir, de dix Honoraires, de dix Penſionnaires & de vingt Aſſociez , Et qu'à l'avenir ladite Academie connuë juſqu'à preſent ſous le nom *d'Academie des Inſcriptions & Médailles,* ſoit appellée *Academie des Inſcriptions & Belles Lettres,* dérogeant à cet effet, en tant que beſoin eſt ou ſeroit pour ce regard ſeulement & ſans tirer à conſequence, au Reglement dudit jour 16. Juillet 1701. Voulant au ſurplus Sa Majeſté que tous les autres Articles dudit Reglement ſoient executez ſelon leur forme & teneur; Et que pour l'execution du preſent Arreſt, toutes Lettres Patentes qui pourront eftre neceffaires foient expediées. FAIT au Confeil d'Eftat du Roy, Sa Majefté y eftant, tenu à Paris le qua-triéme Janvier mil fept cens feize. *Signé* PHELYPEAUX.

LOUIS PAR LA GRACE DE DIEU ROY DE FRANCE ET DE NAVARRE : A nos amez & feaux Confeillers les Gens tenans noftre Cour de Par-lement à Paris, SALUT. Nous nous fommes fait repre-fenter le Reglement fait pour noftre Academie Royale des Infcriptions, le 16. Juillet 1701. par lequel Elle fe fe-roit trouvée compofée de quatre differentes claffes, la pre-miere de dix Academiciens Honoraires, la feconde de dix Penfionnaires, la troifiéme de dix Affociez, & la qua-triéme de dix Eléves; mais ayant efté reconnu par une longue experience que ce feul titre d'Eléve rebutoit les fujets d'un certain merite, outre que par l'Article VIII. dudit Reglement, chacun des dix Eléves eftoit propofé & reçû fur la nomination de l'un des Penfionnaires, au lieu que les autres Academiciens font nommez par tout le corps & par voye de fcrutin; Que par l'Article XIII. du mefme Reglement les Eléves peuvent eftre reçûs à vingt ans, à la differrence des autres Academiciens qui en doivent avoir au moins vingt-cinq; Et qu'enfin par l'Ar-ticle XXXI. lefdits Eléves n'ont point de voix délibera-tive dans les Elections ni dans les autres affaires de la Compagnie, quoiqu'ils en ayent dans les matieres de Lit-terature : Et defirant éloigner tout ce qui pourroit dimi-nuer l'honneur du Corps dans aucune de fes parties, ou qui pourroit empefcher des perfonnes d'une capacité re-connuë, de faire gloire d'y entrer; Confiderant auffi que le titre *d'Academie des Infcriptions & Médailles* ne ren-ferme pas tout l'objet des occupations de l'Academie, dont la principale & la plus ordinaire eft de cultiver les belles Lettres, Nous aurions jugé à propos de luy attri-buer un titre plus convenable; Nous aurions fait rendre pour cet effet ce jourd'huy un Arreft en noftre Confeil d'Eſtat, Nous y eſtant, dont l'Extrait eſt cy-attaché ſous le contre-ſcel de noſtre Chancellerie, par lequel Nous aurions expliqué nos intentions, & pour l'execution duquel Nous aurions ordonné que toutes Lettres Patentes neceſſaires ſeroient expediées. POUR CES CAUSES & autres à ce Nous mouvans, de l'avis de noſtre tres-cher & tres-amé Oncle le Duc d'Orleans Regent, de noſtre tres-cher & tres-amé Couſin le Duc de Bourbon, de noſtre tres-cher & tres-amé Oncle le Duc du Maine, de noſtre tres-cher & tres-amé Oncle le Comte de Toulouſe, & autres Pairs de France, Grands & Notables Perſonnages de noſtre Royaume, Nous avons ſupprimé, & par ces Preſentes ſignées de noſtre main, ſupprimons dans noſtre Academie Royale des Inſcriptions la Claſſe des Eléves. Ordonnons que celle des Aſſociez ſera augmentée du meſme nombre de dix ſujets qui ſeront Elûs par voye de ſcrutin; Que pour chacune deſdites nouvelles places d'Aſſociez, la Compagnie nous nommera deux Perſonnes, dont Nous nous reſervons le choix; enſorte que l'Academie demeurera toûjours compoſée de quarante Academiciens, ſçavoir, de dix Honoraires, de dix Penſionnaires & de vingt Aſſociez; Voulons qu'à l'avenir ladite Academie, connuë juſqu'à preſent ſous le nom *d'Academie des Inſcriptions & Médailles*, ſoit appellée *Academie des Inſcriptions & Belles Lettres;* dérogeant à cet effet, en tant que de beſoin eſt ou ſeroit, pour ce regard ſeulement & ſans tirer à conſequence, au Reglement dudit jour 16. Juillet 1701. Voulant au ſurplus que tous les autres Articles dudit Reglement ſoient executez en leur entier. SI VOUS MANDONS que ces Preſentes vous ayez à faire regiſtrer, & le contenu en icelles faire garder & obſerver ſelon leur forme & teneur, ceſſant & faiſant ceſſer tous troubles & empeſchemens, nonobſtant tous Edits, Declarations, Ordonnances, Reglemens, Arreſts & autres choſes à ce contraires, auſquels Nous avons dérogé & dérogeons par ceſdites Preſentes, pour ce regard ſeulement,

lement, & fans tirer à confequence : Car tel est nostre plaisir. Donné à Paris le quatriéme Janvier, l'an de grace mil fept cens feize, & de noftre Regne le premier. *Signé,* LOUIS : *Et plus bas,* Par le Roy le Duc d'Orleans Regent, prefent. Phelypeaux. Et fcellées du grand Sceau de cire jaune.

*Regiftrées, Oüy, & ce requerant le Procureur General du Roy, pour eftre executées felon leur forme & teneur, fuivant l'Arreft de ce jour. A Paris en Parlement le onziéme Mars mil fept cens feize.* Signé Dongois.

---

# ARREST

## DU CONSEIL D'ESTAT

## DU ROY,

*Concernant les Academiciens Veterans de l'Academie Royale des Infcriptions & Belles Lettres.*

### Du 23. Mars 1716.

*Extrait des Regiftres du Confeil d'Eftat.*

SUR ce qui a efté reprefenté au Roy eftant en fon Confeil, qu'il y a dans l'Academie des Infcriptions & Belles Lettres un fi grand nombre d'Academiciens Veterans, qu'il paffe le tiers des Academiciens actuellement en place, Et que le feu Roy Loüis XIV. de glorieufe memoire jugeant que cette multitude de Veterans pouvoit nuire à la difcipline de la Compagnie, avoit ordonné dés le mois d'Aouft 1714. que lefdits Veterans n'auroient

C

voix déliberative dans les Elections & les autres affaires particulieres de l'Academie qu'au nombre de quatre feulement, fçavoir les plus anciens de ceux qui fe trouveroient pour lors aux Affemblées : Mais que pour prevenir encore plus efficacement tous les inconveniens qui en peuvent arriver , il feroit neceffaire de prefcrire à cet égard une forme certaine, qui empefche qu'à l'avenir le Titre de Veteran foit accordé avec trop de facilité , & fans une parfaite connoiffance de caufe. LE ROY ESTANT EN SON CONSEIL, de l'avis de Monfieur le Duc d'Orleans Regent du Royaume , a ordonné & ordonne que le Titre de Veteran ne pourra deformais eftre accordé qu'à ceux des Academiciens actuellement en place, qui aprés avoir utilement travaillé dans l'Academie pendant dix années au moins , fe trouveront hors d'eftat & dans une efpece d'impoffibilité d'y continuer leurs travaux; Que pour affeûrer la verité d'un tel expofé, ceux d'entre les Academiciens qui voudront obtenir le Titre de Veterans, s'adrefferont d'abord à l'Academie, qui en deliberera par voye de Scrutin comme pour une election, Et que fi les deux tiers des Suffrages font favorables à celui qui poftule la Veterance, ladite deliberation fera envoyée à Sa Majefté pour y eftre ftatué ce qu'Elle jugera à propos. Et à l'égard de l'affiftance defdits Veterans dans les Affemblées de ladite Academie, VEUT SA MAJETÉ qu'à l'avenir il n'y ait que les quatre plus anciens Veterans feulement, au cas qu'ils s'y trouvent, qui puiffent avoir voix deliberative dans les Elections & les autres affaires particulieres de ladite Academie, fans qu'aucun autre puiffe eftre fubftitué à leur place s'ils ne fe trouvent pas aufdites Affemblées. ORDONNE que le prefent Arreft fera enregiftré dans le Regiftre de ladite Academie, & par tout où befoin fera à ce que nul n'en pretende caufe d'ignorance. FAIT au Confeil d'Eftat du Roy, Sa Majefté y eftant, tenu à Paris le vingt-troifiéme Mars mil fept cens feize. *Signé* PHELYPEAUX.

# LISTE

*De Messieurs les Academiciens qui composent l'Academie Royale des Inscriptions & Belles Lettres en l'année 1716.*

## HONORAIRES.

MESSIEURS

NICOLAS JOSEPH FOUCAULT Conseiller d'Estat ordinaire; PRESIDENT : ruë Neuve S. Paul.

JEAN PAUL BIGNON, Abbé de S.ᵗ Quentin, Doyen de S.ᵗ Germain l'Auxerrois, Conseiller d'Estat ordinaire, l'un des Quarante de l'Academie Françoise, Président de celle des Sciences; VICE-PRESIDENT : Cloiſtre S.ᵗ Germain l'Auxerrois.

LE PRINCE ARMAND GASTON CARDINAL DE ROHAN, Commandeur des Ordres du Roy, Grand Aumoſnier de France, Evesque & Prince de Strasbourg, l'un des Quarante de l'Academie Françoise : à l'Hoſtel de Soubise.

JACQUES DE BERINGHEN, Chevalier des Ordres du Roy, Comte de Chaſteau-Neuf, Premier Eſcuyer de Sa Majeſté, Gouverneur des Citadelles de Marseille, ruë S.ᵗ Nicaiſe.

JEAN FRANÇOIS PAUL LE FEBVRE DE CAUMARTIN, de l'Academie Françoise, Abbé de Noſtre-Dame de Buzay : ruë S.ᵗᵉ Avoye.

MICHEL LE PELLETIER, Conſeiller d'Eſtat ordinaire & au Conſeil Royal: ruë Couture S.te Catherine.

CAMILLE LE TELLIER DE LOUVOIS, Abbé de Bourgüeil & de Vauluiſant, de l'Academie Françoiſe & de celle des Sciences: ruë Vivien.

JERÔME BIGNON, Conſeiller d'Eſtat ordinaire, Prevoſt des Marchands : ruë S.t Auguſtin.

MICHEL LE TELLIER de la Compagnie de JESUS, Confeſſeur du Roy Loüis XIV. ruë S.t Antoine à la Maiſon Profeſſe.

CHARLES HENRY MALON DE BERCY, ancien Intendant des Finances : ruë Vivien.

## PENSIONNAIRES.

MESSIEURS

ANDRÉ DACIER, Secretaire perpetuel & Treſorier de l'Academie Françoiſe, Garde des Livres du Cabinet du Roy : au vieux Louvre.

JEAN BAPTISTE COUTURE, ancien Recteur de l'Univerſité de Paris, Profeſſeur Royal en Eloquence, Directeur du College Royal : au College Royal.

RENÉ D'AUBER DE VERTOT, Preſtre, Docteur en Droit Canon: Cloiſtre S.t Honoré.

CLAUDE GROS DE BOZE, de l'Academie Françoiſe, Intendant des Deviſes & Inſcriptions des Edifices Royaux, SECRETAIRE & TRESORIER: ruë du Mail.

CLAUDE FRANÇOIS FRAGUIER, de l'Academie Françoise : Cloiſtre des Quinze-Vingt.

GUILLAUME MASSIEU, de l'Academie Françoiſe, Profeſſeur Royal en Langue Grecque : ruë Vivien.

CHARLES CESAR BAUDELOT Avocat au Parlement,
de l'Academie des Ricovrati de Padouë : ruë des Marais,
Fauxbourg S.ᵗ Germain.

PHILIBERT BERNARD MOREAU DE MAUTOUR,
Conſeiller du Roy, Auditeur de la Chambre des Com-
ptes : ruë des Ecouffes.

PIERRE JEAN BURETTE, Docteur Regent en la Faculté
de Paris, Profeſſeur Royal en Medecine : ruë S.ᵗᵉ Anne.

ANTOINE ANSELME Abbé de S.ᵗ Sever Cap de
Gaſcogne, Predicateur ordinaire du Roy : à l'Hoſtel
d'Antin.

ANTOINE COYPEL, premier Peintre du Roy & de S. A. R.
Monſeigneur le Duc d'Orleans, DESSINATEUR : aux
Galleries du Louvre.

## ASSOCIEZ.

MESSIEURS

LOUIS BOIVIN, Avocat au Parlement : ruë Vivien.

JEAN BOIVIN-DE VILLENEUVE, Profeſſeur Royal
en Langue Grecque, l'un des Gardes de la Bibliothe-
que du Roy : ruë Vivien.

CHARLES DE VALOIS DE LA MARE, Antiquaire du Roy : ruë au maire vis à vis la ruë Tranfnonain.

HENRY MORIN : ruë de Touraine, prés les Cordeliers.

LUDOLPHE CUSTER, ancien Bibliothequaire & Profeffeur honoraire de S. M. Pruffienne : Quay des Auguftins.

FRANÇOIS SEVIN : Cloiftre S.t Germain l'Auxerrois.

ELIE BLANCHARD : à l'Hoftel de Villeroy.

ESTIENNE FOURMONT, Profeffeur Royal en Langue Arabique : ruë S.t Victor.

JACQUES HARDION : ruë des Foffez Montmartre.

NICOLAS MAHUDEL, Docteur en Medecine : ruë de Savoye.

ANTOINE BANNIER, Licentié en Droit : ruë des Foffez Montmartre.

LOÜIS FRANÇOIS DE FONTENU : ruë S.te Anne.

NICOLAS FRERET : ruë des Barres.

ALEXANDRE GOULLEY DE BOIS-ROBERT, Bibliothequaire de M. le Marefchal d'Eftrées : Place de Vendofme.

CLAUDE SALLIER : ruë de la Planche Faux-bourg S.t Germain, à l'Hoftel d'Alegre.

Pierre Paul Lormande, Preſtre Docteur en Theo-
logie, Prieur de Puy-Chevrier, Precepteur de Mademoiſelle de Chartres, & de Mademoiſelle de Valois :
ruë neuve S.t Paul.

Jean-Baptiste Henry Dutrousset de
Valincourt, de l'Academie Françoiſe & de celle
de la Cruſca, Secretaire General de la Marine & des
Commandemens de Monſeigneur le Comte de Toulouſe : à l'Hoſtel de Toulouſe.

Nicolas Gedoyn, Chanoine de la S.te Chapelle :
Cour du Palais.

Camille Falconnet, Docteur en Medecine de la
ſu lté de Paris : ruë S.t Honoré à l'Academie
Royale.

Charles de Riencourt, Avocat au Parlement :
ruë S.te Anne.

## HONORAIRES ESTRANGERS.

M. Le Cardinal Gualterio.

Dom Anselme Banduri Benedictin, Bibliothequaire de Monſieur le Grand Duc.

M. Cuper Bourguemaiſtre de Deventer.

## PENSIONNAIRES VETERANS.

M. l'Abbé Renaudot.

M. De la Loubere.

M. l'Abbé Boutard.

M. Simon.

# ASSOCIEZ VETERANS.

M. L'EVESQUE DE CASTRES.

M. ROLLIN.

M. DE FONTENELLE.

M. BOURDELIN.

M. HENRION.

M. DANCHET.

M. L'ABBÉ MONGAULT.

M. L'ABBÉ NADAL.

M. L'ABBÉ PINART.

M. L'ABBÉ DE BOISSY.

M. DE LA NEUFVILLE.

M. BOINDIN.

M. DE MANDAJORS.